AF240387

DISCOURS

DE MM. THOURET ET DE GENOUDE,

DEVANT LA COUR D'ASSISES DE LA SEINE.

DISCOURS DE M. THOURET.

Messieurs les jurés,

La crainte de voir violer mon droit de défense m'avait déterminé à garder désormais le silence devant vous, mais un motif grave me force à prendre la parole.

Les opinions légitimistes sont ici représentées ; je veux ici, selon mes faibles moyens, représenter l'opinion des patriotes.

Mais qu'on se rassure, je veux faire taire en moi ce qu'il y a de vivement ému ; à la vue des malheurs de mon pays, je veux étouffer le long cri de détresse qui s'échappe de ma poitrine, pour ne laisser place qu'à la froide raison, à l'impassible logique.

Ce que M. de Cormenin a écrit de sa puissante main, on le respecte, ou plutôt on tremble d'y toucher.

Ce que j'ai écrit dans un simple interrogatoire, dans une modeste défense, on se lève bien haut, et on l'incrimine.

I

2

C'est ainsi qu'on s'attaque à moi, pauvre prisonnier, enfoui dans les cachots, quand on salue bien bas le puissant député qui passe.

Eh bien ! le pauvre prisonnier a été visité par le puissant député, sa logique s'est échauffée à la sienne ; et aujourd'hui il défendra sur le banc des criminels les principes qui sont ceux de tous les patriotes, et que M. de Cormenin ne désavoue pas, surtout lorsqu'ils sont menacés et poursuivis avec si peu de courtoisie et de courage.

Oui, j'ai dit que le principe de la souveraineté nationale avait été foulé aux pieds dans la déclaration du 7 août ; cette opinion n'est pas de celles qu'on doive nier dans cette enceinte, où passent tour à tour les hommes du crime et les hommes de la liberté ; cette opinion, je l'avouerai donc solennellement devant vous, et je vous en rendrai compte à vous qui êtes mes concitoyens, et qui avez un droit que je reconnais seul, celui de m'acquitter.

J'ai jugé la révolution de juillet, non pas comme la jugent les passions des contemporains, mais comme la jugera l'impartiale histoire.

Le gouvernement sorti de la chambre du 7 août peut être envisagé sous deux aspects très-différens, la nécessité et le droit.

La nécessité a pu exiger que, pour prévenir à la fois la guerre civile et la guerre étrangère, on se pressât, et qu'on fît ce qu'on a fait. La nécessité, qui est la voix du peuple, excuse tout : mais la nécessité n'est que le provisoire, il n'y a que le droit qui soit définitif. Ainsi, et sous ce premier rapport, j'ai pu soutenir que rien n'empêchait qu'on ne couvrît les irrégularités du provisoire par la consécration solennelle de la volonté du peuple ; déclarer qu'on respectera le *statu quo* sans l'approuver, ce n'est pas provoquer à la désobéissance aux lois ; vouloir affermir un pouvoir, ce n'est pas l'ébranler.

Maintenant, si nous examinons la question sous le rapport du droit, nous commencerons par établir (ce que personne au reste ne peut contester) que le gouvernement du 7 août repose sur le principe de la souveraineté nationale.

Or, voici, dans leur application au gouvernement du 7 août, les déductions de ce principe, telles qu'elles s'enchaînent invinciblement l'une à l'autre.

La souveraineté résidait en droit dans l'universalité des citoyens.

La souveraineté résidait en fait dans la commission provisoire de l'hôtel-de-ville ; là était le pouvoir exécutif seul appelé à choisir son délégué, ce délégué était le lieutenant-général.

Le lieutenant-général devait, pour arriver au définitif, tant dans le droit que dans le fait, convoquer la nation qui, dans son expression la plus universelle et la plus rationnelle, se compose de tous les citoyens actifs.

Les colléges électoraux ainsi formés auraient nommé les députés de la France ; les députés auraient constitué un congrès national. Le congrès rédigeait la charte et traçait les conditions, les garanties, les devoirs et les droits du pouvoir et de la liberté, en un mot la forme du gouvernement du pays. Cette œuvre faite, le congrès national se retirait, et laissait place aux assemblées législatives qui, par l'action des lois secondaires, auraient mis en mouvement l'organisation de la machine gouvernementale.

C'est là, en matière de constitution, la façon de procéder la plus régulière et la plus droite.

Mais chez un peuple mobile, passionné, impatient, et qui ne met pas moins d'ardeur à sortir d'une révolution qu'à s'y précipiter ; chez un peuple qui unit tout de suite les conséquences aux principes ; chez un peuple, qui peut-être aime mieux les imperfections du définitif que les sages temporisations du provisoire, il y avait un autre moyen d'arriver au même but, c'était la ratification.

La constitution aurait pu être dressée par les soins de la commission provisoire ou du lieutenant-général, et soumise ensuite à l'acceptation du peuple.

Que peut-on objecter ? La nécessité urgente des circonstances ? Nullement, car on pouvait choisir le lieu, la forme, le moment. On pouvait faire cela, on le peut encore.

Voilà mes doctrines. Elles sont conformes à la raison ; car il n'y a pas de raison sans justice ; elles sont conformes aux principes de la souveraineté du peuple, car elles sont les conséquences rigoureusement enchaînées l'une à l'autre du principe que la victoire de juillet a posé, et que Louis-Philippe lui-même a reconnu.

4

Comment dirait-on que je blesse l'autorité de Louis-Philippe, puisque je suis *curieux* de la voir assurée par la consécration éclatante de l'adhésion universelle?

Comment dirait-on que je veux troubler mon pays, puisque je cherche avec l'ardeur et la conviction d'une âme citoyenne, les moyens les plus significatifs et les plus sûrs de nous prémunir contre la guerre civile et contre la guerre étrangère? Comment enfin dirait-on que je prêche la désobéissance aux lois, puisque j'ai reconnu leur provisoire observation, et que je me borne à exposer les doutes d'une raison indépendante et les vœux d'un homme libre?

La volonté de la nation est une suprême loi ; je m'incline devant elle ; je comprime devant la raison générale les révoltes de ma raison individuelle ; ce que la nation voudra, je le voudrai; ce qu'elle ordonnera, je le ferai.

La forme du gouvernement quel qu'il soit, monarchique ou républicain, unitaire ou fédéral, je l'accepterai; le chef unique ou collectif, héréditaire ou viager, je le reconnaîtrai; je ne dirai pas que m'importe ? Mais je dirai : je dois obéir et j'obéirai, car telle est la volonté de mon pays. Mais encore faut-il que cette volonté parle ; encore faut-il que cette raison générale s'exprime.

L'induction présumée qu'on tire du silence des gouvernés et des faux semblans de l'adhésion tacite, trop souvent n'exprime que l'arbitraire, trop souvent ne favorise que la tyrannie.

Lorsque les Romains enchaînés dévoraient sous Tibère leur honte et leur rage, les Romains voulaient-ils de Tibère? Lorsque les Bourbons envoyaient Ney au Luxembourg et Bories à la Grève, les Français voulaient-ils des Bourbons? Obéir n'est pas aimer, exécuter n'est pas vouloir, se taire n'est pas s'exprimer ; or, dans un pays libre, il faut pour que le gouvernement soit fort, solide, régulier, que tous les citoyens l'aiment, le veuillent et l'expriment.

Or, est-ce cela qu'on a fait?

C'est une chambre de monopole, nommée sous l'empire du droit divin, par des électeurs privilégiés, qui ne tenaient leur pouvoir que du roi, et non pas de la nation; qui avaient juré de défendre la charte de

1814, et non de la détruire ; qui ne représentaient pas le pays, mais eux-mêmes ; c'est cette chambre que son mandat, ses sermens, son origine, ses intérêts, ses préjugés, ses priviléges, ses goûts, ses opinions, sa composition, sa forme, tout son être, liaient au gouvernement parjure, que les derniers pavés de juillet battaient en brèche, qui de législative se fait constituante, et qui bâcle en trois séances une adresse au peuple, un lieutenant-général, une charte et un roi.

Descendez, Messieurs, au fond de votre conscience ; jugez comme jugera sans préoccupation l'inflexible histoire, et dites-nous si vous voyez là la constitutionnalité, et s'il n'est pas permis aux publicistes, sinon de s'insurger contre cet état de choses, au moins de le peser dans les balances du droit politique et de la raison universelle.

Trois systèmes bien différens partagent les légitimistes, les doctrinaires, et les patriotes.

Les légitimistes demandent comme nous les assemblées primaires. Ils veulent bien consulter la nation, mais ils n'accordent à la nation que le droit de voter l'impôt et de concourir à la loi, mais ils ne lui reconnaissent pas le droit de changer la dynastie ou la forme du gouvernement.

C'est vouloir faire d'un dieu tout puissant un être borné. C'est donner et retirer ; c'est limiter le droit par une exception qui radicalement le détruit, c'est sacrifier l'éternelle souveraineté du peuple aux intérêts périssables d'une famille ; un tel système ne peut se formuler, se définir et se défendre ; c'est plutôt une religion qu'un principe, mais on comprend ses sincérités et ses convictions.

Tant que cette religion de la légitimité reste à l'état de théorie, il peut y avoir raison de la combattre, mais il y aurait abus de la persécuter et de la proscrire. Les doctrinaires se plongent dans les abstractions de l'omnipotence parlementaire ; ils placent la souveraineté dans le pouvoir et dans les chambres, en sorte que les ministres, pouvant nommer la première chambre et corrompre la seconde, seraient les maîtres de modifier et de bouleverser la constitution de l'état.

Voilà les principes des doctrinaires, métaphysiciens de malheur, qui gâtent tout ce qu'ils touchent, et qui perdent tout ce qui sauverait.

Les conséquences de ce principe, c'est la corruption des fonctionnaires, le mépris des prolétaires et l'envahissement aristocratique et exclu-sif des places, des honneurs, de l'argent, et la destruction de toutes les forces vivaces et saillantes de la société.

Le joug des doctrinaires, qui nous pèse aujourd'hui, est le plus humiliant, et par conséquent le plus insupportable que puisse supporter un peuple libre et civilisé ; le despotisme d'un seul homme est moins dur, moins tracassier, moins ignoble.

Le troisième système politique est celui des patriotes, c'est le nôtre.

Nous admettons la souveraineté du peuple, comme la pierre fonda-mentale de l'édifice social, comme le principe dans lequel se trouvent à la fois le calme de l'âme et le repos des consciences.

La nation veut ! que la nation soit obéie ! Elle veut une république, je l'appelais de tous mes vœux individuels, qu'il y ait une république ; si elle veut un roi , qu'il y ait un roi.

Nous avons foi dans la majorité solennellement exprimée, nous avons foi dans la puissance de la raison nationale ; ce n'est point par la violence des baïonnettes, ou même par la violence hasardeuse d'une émeute que nous voulons triompher de nos adversaires ; c'est par la force de nos rai-sonnemens, c'est par la logique, c'est par la vérité, c'est par le droit.

Vous avez entendu mes principes, messieurs les jurés, c'est la voix de mon âme et de ma raison réunies ; parlez à mon âme avec la vôtre si la mienne s'égare, rectifiez ma raison par la vôtre, si la mienne est dans le faux.

Que si c'est une polémique d'écrivain à écrivain, je l'accepte calme , philosophique et libre ; que si c'est un combat à armes égales, je l'accepte encore ; que si c'est une nouvelle condamnation et de nouveaux fers, je les méprise, et je les regarde comme la victoire de la force brutale sur la raison.

DISCOURS

DE M. DE GENOUDE.

Messieurs ,

Il y a dix jours à peine que j'ai été amené seul dans cette enceinte. Le ministère public espérait obtenir une condamnation contre moi , comme provoquant au désordre et menaçant la société dans son repos et dans ses intérêts. J'ai pu expliquer mes doctrines et ma conduite devant mes concitoyens ; et si pour l'insertion d'une lettre que plusieurs journaux avaient publiée sans éprouver aucune poursuite, j'ai subi la rigueur des lois contre la presse, du moins mes opinions ont-elles été mises hors de cause par la déclaration du jury qui vous a précédés.

Aujourd'hui on a recours à une nouvelle combinaison pour m'atteindre, et l'on réunit devant vous des écrivains et des journaux qui professent des principes contraires. On comprend aisément tout ce que l'on a espéré produire contre moi par l'image d'une alliance entre des hommes d'opinions différentes dans un même esprit de destruction.

Le Directoire réunissait aussi les hommes appartenant aux opinions les plus opposées, mais c'était sur le vaisseau qui les emportait à Sinnamary ; il n'aurait pas imaginé de les traduire à la barre d'un jury français.

Loin de moi cependant la pensée de séparer ma défense de celle de l'écrivain auprès duquel je suis sur le banc des prévenus; car, dans une révolution faite au nom de la liberté, nous sommes dans les mêmes prisons pour avoir dit ce que chacun de nous croit utile au bonheur de notre commune patrie. Loin de moi également l'idée de repousser une alliance entre tous les Français. Cette alliance est le but de mes efforts, c'est la foi qui soutient mon courage, mais ce n'est pas pour une œuvre de destruction que nous devons nous unir. Ces sortes de coalitions sont la ruine de la patrie et ne profitent à personne. L'ordre seul peut être un lien durable. C'est la croyance en une même vérité , c'est l'amour de la France qui doivent confondre tous les Français dans une même pensée et dans un même sentiment.

La révolution divise la société et ne réunit les hommes que dans les prisons et sur les bancs des cours d'assises.

Mes opinions, au contraire, qu'on vous défère comme coupables, contiennent la réalisation de tout ce qu'il peut y avoir de bon dans toutes les autres; elles ne seraient pas vraies s'il n'en était pas ainsi. Le système de Newton n'est universellement reconnu que parce qu'il explique tous les faits de la nature. Le système qu'on a désigné sous le nom d'Ecole française met à sa place ce qu'il y a d'utile et de généreux dans tous les autres, car il répond également aux besoins d'ordre et de liberté qui se manifestent partout avec une égale force. Vous allez voir, Messieurs, que ce n'est pas là une illusion.

Les hommes qui ont vu dans la souveraineté du peuple le dernier terme des progrès de l'esprit humain ont distingué avec soin ce qui est applicable de ce qui ne l'est pas. Ils ont admis la théorie d'une manière absolue ; mais quand on vient à la pratique , ils établissent un si grand nombre de restrictions que la théorie seule est ce qui reste au peuple. Il me semble que s'il y a quelque chose de bon dans une idée qui a séduit un grand nombre d'hommes généreux , c'est dans la réalité qu'il faut le chercher et non pas dans de vaines paroles.

Or, l'opinion à laquelle j'appartiens n'accorde pas en théorie la souveraineté du peuple, mais elle demande que tous les Français payant un cens d'imposition soient électeurs et éligibles. Ainsi tandis qu'on a vu des hommes proclamer la souveraineté du peuple pour exercer eux-mêmes cette souveraineté sans vouloir consulter la nation, nous qui condamnons la souveraineté du peuple, nous demandons que les communes et les provinces s'administrent elles-mêmes et que le peuple entier participe à la nomination des assemblées générales. Loin d'improuver le sentiment d'instinct généreux qui a porté quelques hommes à embrasser la doctrine de la souveraineté du peuple, nous leur offrons le seul moyen de réaliser ce sentiment dans ce qu'il a d'applicable.

Ainsi les opinions républicaines inutiles ou nuisibles pour ceux qui ne proclament la souveraineté du peuple qu'afin d'en tirer le monopole, trouvent leur place dans notre système sans aucun danger pour l'ordre public. Et qui ne sait que cette exaltation de patriotisme et de liberté, lorsqu'elle a porté sur des institutions fortes et nationales, a contribué à la gloire de ce pays. Condamner cette énergie et cet enthousiasme, ce serait condamner la vie de la France.

Le droit héréditaire et le vote universel doivent donc marcher ensemble. Le tort des doctrinaires qui firent la charte de 1814, ce fut de les séparer et de les tourner l'un contre l'autre. Pendant les quinze années de la restauration, nous nous sommes trouvés divisés, parce que chacun de nous défendait l'un de ces principes, suivant que nos inclinations nous y portaient davantage, ou suivant que nous les croyions plus ou moins menacés. Quand ils seront réunis, il n'y aura plus ni royalistes, ni libéraux; il n'y aura plus que des Français.

La France est la plus ancienne des sociétés civilisées, par conséquent il ne peut y avoir pour nous de situation tellement nouvelle qu'elle crée des circonstances entièrement distinctes du passé.

Dans ce pays d'ordre et de liberté, il y a toujours eu au-dessus des gouvernemens, au-dessus des partis, au-dessus des événemens même un principe de régénération ou de redressement; c'était la convocation de tous les Français dans des assemblées qu'on a nommées Champs-de-Mars, Champs-de-Mai ou États-Généraux de la nation.

Cette grande tradition n'a jamais nui à la marche du gouvernement, jamais elle n'a autorisé la désobéissance des peuples. Il ne faut pas que la préoccupation du présent nous fasse perdre de vue ces faits qui apparaissent à toutes les époques de notre histoire pour corriger les abus, pour fortifier le pouvoir quand il s'était affaibli lui-même, c'est ainsi que toujours en France l'ordre s'est rétabli par la liberté.

L'abandon de l'ancienne constitution française a causé tous les maux du pays, le retour à la constitution nationale les fera cesser. La France, depuis 1,400 ans , n'a pas cessé d'avancer sous cette constitution et de voir successivement un plus grand nombre de citoyens appelés aux délibérations publiques à mesure que s'étendait la sphère des lumières et de la raison.

Il faut bien que nous ne soyons pas dans le vrai , car il y a quarante-deux ans qu'on nous dit que nous jouissons du système représentatif, et par dix fois les résultats de ce système ont été déclarés vicieux, anti-nationaux, contraires aux vœux comme aux intérêts de la France. Que l'on nous explique une fois pour toutes ce phénomène d'une nation qui se dément elle-même à chaque instant, qui condamne ce qu'elle a fait hier, qui est obligée de refaire de trois ans en trois ans sa constitution, ses lois, sa politique, son existence.

C'est que tout cela est l'œuvre des partis, que rien n'est plus anti-national que les partis, et que celui qui arrive au pouvoir accuse toujours celui qui l'a précédé du crime de lèse-nation, sauf à subir lui-même bientôt une pareille condamnation.

Cherchons donc avant tout le sentiment, l'esprit national. C'est ce quelque chose sans mélange de théories étrangères qui vivait dans l'âme de nos hommes illustres , ce quelque chose de grave, de vertueux , de sublime qui inspirait les Suger, les l'Hôpital, les Sully, les d'Aguesseau, qui tenait compte des droits et de la liberté de tous, ce quelque chose d'héroïque qui transportait Duguesclin, Bayard, Turenne et Condé, ce quelque chose enfin qu'on a appelé l'honneur , l'esprit français.

Personne plus que moi ne respecte les intérêts du présent, et je crois être irréprochable à cet égard. Je n'ai jamais manqué une occasion de recommander et d'assurer le maintien de l'ordre matériel en rappelant sans cesse cette belle maxime de Fénélon : la révolte n'est jamais permise. Mais, en assurant le présent, aucun homme, ami de la France, n'a le droit de lui ôter l'avenir.

Recommander l'obéissance aux lois et en donner l'exemple, c'est le devoir d'un bon citoyen; mais enfin s'il arrivait que tous les efforts du gouvernement et des hommes de talent qui le soutiennent ne pussent surmonter les vices d'un état de choses mal combiné, si les prisons, au lieu de se vider, continuaient à se remplir, si l'énergie de la répression, au lieu de surmonter les hostilités des partis, exagérait leur violence, si toutes les forces s'usaient dans ce travail qui absorbe tous les autres travaux et qui ne peut pas en tenir lieu, combien n'aurais-je pas de droits à la reconnaissance nationale pour avoir dès long-temps préparé le refuge où tous les partis pourraient se réunir, où toutes les idées généreuses viendraient se confondre, où tous les maux pourraient se réparer ?

Que nos fautes passées nous servent donc de leçons pour l'avenir !

À trois grandes époques la France a pu entrer dans le système de nationalité, d'ordre et de liberté dans lequel elle retrouvera la gloire et le bonheur. En 89, si les idées anglaises et américaines n'étaient pas venues détourner nos pères de la voie marquée par les cahiers de six millions de Français. À son retour en France, Louis XVIII, en reprenant l'œuvre de 89, en affranchissant les communes et les provinces de la centralisation, en convoquant les Etats-Généraux, c'est-à-dire l'assemblée générale des contribuables dans leurs communes avec plusieurs degrés d'élections , aurait détruit ainsi les partis et établi sur leurs ruines un véritable esprit public. Mais une faction imbue des idées de la constitution anglaise s'empara de la royauté à son avénement, et lui fit souscrire cette charte de 1814 qui octroyant la liberté et créant une pairie héréditaire, renfermait en germe tous les malheurs que nous subissons aujourd'hui.

Tout était encore possible au mois d'août 1830. La France des siècles, la France libre et généreuse pouvait se retrouver dans les ruines de l'ordre de choses qui venait d'être renversé. L'ancienne constitution du royaume prescrivait au lieutenant-général dans un cas semblable à celui où nous nous trouvions de convoquer l'assemblée générale de la nation. Si cela eût été fait, nous n'aurions pas eu de révolution (car la révolution ne date pas du mois de juillet mais du mois d'août), et par conséquent point de stagnation dans le commerce, point de menaces de guerre ni d'anarchie. Pourquoi a-t-on fait une révolution ? Parce que M. le duc d'Orléans ne s'est pas cru assez puissant, comme régent ou lieutenant-general, avec une chambre nommée par 5o à 6o mille individus, pour contenir le parti de la cour des princes qui venaient de rendre les ordonnances, et dont il redoutait l'influence. Mais si une assemblée générale avait été réunie, quelle force n'aurait-on pas eue pour contenir les intrigues et les factions! Quel levier pour gouverner! En se replaçant au milieu de toutes les libertés françaises réclamées par la nation entière en 89, le lieutenant-général travaillait, de concert avec la nation, jusqu'à la majorité, à rendre au pays des institutions qui pussent le garantir à jamais contre le retour des abus du pouvoir et des excès de la liberté. Un roi enfant ne pouvait être un obstacle à rien.

On a accusé mes vœux pour la convocation de la nation de tendre à ramener des vieilleries ou à favoriser des idées nouvelles.

Plus heureux aujourd'hui que ne l'étaient nos pères, nous n'avons aucun motif réel de division, plus de rivalité de classes, plus de priviléges à attaquer ou à défendre ; il ne reste qu'une nation éclairée par l'expérience, mûrie par le malheur, et qui n'a besoin pour retrouver le repos et l'union que d'être rendue à elle-même et de se manifester tout entière.

Que le prince qui nous gouverne, et dont les enfans en vertu de la loi salique sont associés à la perpétuité du trône dans la maison de Bourbon, que ce prince convoque les états-généraux. Cette convocation est son droit, elle est dans l'ordre monarchique de ce pays, elle satisfera à tous les besoins, à tous les vœux, à tout ce qui a du patriotisme et de l'honneur. Entouré de trois millions de gardes nationaux amis de l'ordre, il peut sans crainte convoquer les communes en les invitant à éteindre les partis, à fixer les intérêts, à conjurer les malheurs qui accablent ou menacent la patrie. Le résultat n'est pas douteux, il prouvera au monde entier que la nation française a le pouvoir de se régénérer elle-même ; et que l'histoire des progrès de cette société est l'histoire des progrès de l'esprit humain.

Et comment m'accuserait-on de vouloir le désordre en demandant les assemblées communales? Depuis quand les vertus, l'âge, la considération personnelle, la possession héréditaire, les services, une vie honorable, seraient-ils sans influence dans leur sphère. Non, rien de funeste, rien de nuisible ne peut sortir de l'association communale. Dans la commune tout est connu, toût est défini, hommes et choses. C'est là seulement que réside l'unité, c'est là aussi que l'état peut puiser la sienne.

On m'accuse de vouloir avec le nom de province dissoudre cette unité de la France; c'était sous la constitution provinciale que les députés du duché de Bourgogne disaient à François Ier qui semblait vouloir les donner à Charles-Quint : Nous ne perdrons jamais le nom de Français, et si V. M. voulait nous livrer à une domination étrangère, nous en appellerions aux états-généraux, et, s'ils nous abandonnaient, nous défendrions nous-mêmes notre province jusqu'au dernier soupir, et nous mourrions Français.

On voit si malgré la séparation des provinces l'esprit national ne vivait pas alors dans les cœurs français.

On dit que la convocation des états-généraux amènerait la confusion ! J'en appelle, Messieurs, à notre glorieuse histoire dont chaque époque est une page de la constitution française. Il n'est pas dans le cours de près de dix siècles, une question d'intérêt général qui n'ait été résolue par les assemblées nationales dans le sens de la justice, de l'honneur, de la gloire et de la prospérité du pays.

Les états-généraux de 1302 sous Philippe-le-Bel , s'opposèrent aux prétentions de la cour de Rome sur le temporel des rois.

En 1328, entre un prince anglais et un prince français, ils décidèrent pour Philippe de Valois contre Édouard, et empêchèrent la France de tomber jamais entre les mains d'un prince étranger.

En 1355, pendant la captivité du roi Jean, ils refusèrent de reconnaître un traité qui enlevait à la France une portion de son territoire.

Il n'est pas jusqu'aux états de 1576 et de 1588 qui, malgré la division des esprits et les querelles de religion, n'aient servi à perpétuer le principe de liberté et à maintenir le pouvoir royal dans de justes bornes. Ceux qu'irrégulièrement convoqua Mayenne au temps de la Ligue ne furent pas inutiles à la conclusion de la paix. Contre l'intention de ceux qui les avaient appelés, ils servirent à proclamer les principes de notre constitution nationale.

Les états-généraux ont été toujours l'effroi des mauvais ministres, des courtisans avides et corrompus , des fonctionnaires prévaricateurs , des factieux , des sangsues publiques, et d'une nation voisine dont ils ont ré-primé l'insolence et contenu les usurpations.

On objectera sans doute à ce que je viens de dire la conduite des états généraux en 89. Messieurs, il est très-important que rien d'obscur ne subsiste sur ce grand événement de l'histoire. Ce n'est pas comme états-gé-néraux que l'assemblée de 89 a été funeste à la France ; c'est comme as-semblée constituante, et ces événemens sont encore trop près de nous pour qu'aucun de vous ignore que les 170 ans pendant lesquels nos rois n'ont pas convoqué l'assemblée de la nation sont la cause de tous nos malheurs.

Les Français ont pu douter ainsi de la constitution nationale dont les parlemens ne représentaient qu'une ombre. De .là l'admiration pour la constitution anglaise et la révolution d'Amérique ; de là en 89 les efforts faits par Mounier, Lally-Tollendal, Clermont-Tonnerre pour nous donner la pairie anglaise ; de là les déclarations des droits de M. de Lafayette et la démocratie royale de 91 puisée dans les idées rapportées des États-Unis par de jeunes officiers français. La faute de la déviation des états-géné-raux est donc à ceux qui n'ont pas permis que nous restassions Français et qui ont voulu faire des Anglais et des Américains de la noble descendance des Francs et des Gaulois.

L'Angleterre nous a envahis encore une fois non par ses armes mais par ses doctrines, car les idées américaines sont filles de la Grande-Bre-tagne.

Nous sommes plus Anglais qu'au temps où la Guyenne, le Poitou, les bords de la Loire et la Normandie étaient occupés par les soldats du Prince Noir. Rendus à eux-mêmes et à leur constitution véritable, les Français redeviendront la première nation du monde, ils marcheront encore une fois à la tête de la civilisation.

Alors nous serions tous à l'aise, Messieurs, dans les différentes situations où nous serions placés, et le ministère public sentirait le bonheur qu'il y a pour des magistrats, amis de l'ordre, de se trouver sur un terrain logique, le seul où les talens puissent se développer. Qu'on examine toutes les opinions, et qu'on dise s'il y en a une autre que celle de l'école française qui puisse offrir aux amis de l'ordre et de la liberté un avenir devant lequel tous les cœurs ne reculent pas d'épouvante. Tandis qu'on entrevoit, comme conséquence de la division des opinions, la guerre étrangère, la guerre civile, l'anarchie, les spoliations, les emprunts forcés, la banqueroute, la violence, nous seuls offrons l'union de tous, la prospérité, la paix intérieure et extérieure, un siècle de grandeur pareil à celui qui termina les quarante ans de la ligue et de la fronde, avec tous les progrès que la civilisation a réalisés.

Nous ne désespérons d'aucune erreur généreuse, nous ne repoussons que cet esprit d'égoïsme et d'arbitraire qui veut sacrifier l'avenir de la France à un présent qui lui échappe, et qui sacrifierait la France à ses calculs et à sa position, tandis que nous sacrifierions tout à la France et nos opinions même si ces opinions n'étaient pas ses intérêts.

Jusqu'ici la révolution a dévoré les générations qui ont passé devant elle sans comprendre l'énigme qu'elle semble chargée de leur proposer. Comme un nouveau sphinx elle disparaîtra devant la génération qui aura deviné son secret, la constitution de la société nouvelle.

L'ancien régime, la république, l'empire, le pouvoir constituant sont des leviers brisés. Le droit héréditaire et le vote universel, voilà le besoin de l'époque. Ces deux grandes lignes parallèles doivent marcher désormais à travers les siècles sans jamais se heurter. Tout parti qui ne réalisera pas ce besoin succombera tôt ou tard.

Il y a sur les bords de la mer des terres que le vent de l'Océan bat sans cesse et où rien ne peut croître jusqu'à ce qu'on ait élevé ces bois de sapins qu'on appelle des abris. La végétation reparaît à leur ombre. Relevons les abris de la société française, et le souffle des révolutions ne ravagera plus notre patrie.

Je viens, messieurs, de vous ouvrir mon cœur tout entier. Toutes mes pensées vous sont connues; c'est à vous de voir maintenant si celui qui représente le système, les idées et les doctrines que je viens de vous exposer, doit expier par la prison le tort d'avoir vu le salut de la patrie dans le retour de tout ce qui a fait son bonheur, sa liberté et sa gloire, et dans l'abandon de tout ce qui a fait son asservissement et ses misères.

Vous qui êtes, dans cette enceinte, les représentans de la raison et des lumières du pays, dites si vous vous sentez blessés dans votre patriotisme, dans votre honneur, dans vos sentimens, dans vos intérêts par l'exposé que je viens de faire ; cherchez, trouvez, s'il est en votre pouvoir, la haine et le mépris de l'ordre dans le cœur de l'homme qui veut assurer l'ordre de cette société sur les principes qui l'ont réalisé dans tous les siècles, et qui aspire à fonder la liberté sur la marche progressive de l'esprit public chez la première nation de l'univers.

PARIS. — IMPRIMERIE DE CASIMIR, RUE DE LA VIEILLE-MONNAIE, N° 12, près la rue des Lombards et la place du Châtelet.